W0196589

Notker Wolf

Mit Gott leben

NOTKER WOLF

Mit Gott leben

Inspirationen

benno

Bibliografische Information der Deutschen Nationalbibliothek
Die Deutsche Nationalbibliothek verzeichnet diese
Publikation in der Deutschen Nationalbibliografie;
detaillierte bibliografische Daten sind im Internet unter
http://dnb.d-nb.de abrufbar.

Besuchen Sie uns im Internet:
www.st-benno.de

Gern informieren wir Sie unverbindlich und aktuell
auch in unserem Newsletter zum Verlagsprogramm,
zu Neuerscheinungen und Aktionen.
Einfach anmelden unter www.st-benno.de.

ISBN 978-3-7462-3997-2

© St. Benno-Verlag GmbH, Leipzig
Umschlaggestaltung und Layout: Ulrike Vetter, Leipzig
Umschlagabbildung: © rafy89/Fotolia; © picture-alliance/dpa (Porträt)
Gesamtherstellung: Kontext, Lemsel (A)

Inhalt

IMPULSE AUS DEM GLAUBEN

Aus der Quelle der Freude schöpfen

》 Glück heißt nicht,
alles zu haben,
sondern immer wieder
auch loszulassen. 《

Notker Wolf

Lebensfreude

Christliches Leben erfolgt im Blick auf Schöpfer und Schöpfung, unter der Führung des Evangeliums. Das ermöglicht uns Christen eine Unbefangenheit, ähnlich den Spatzen, auf die Jesus hingewiesen hat, eine Freude am Leben, weil wir in Gott geborgen sind. Wir erfahren die Freiheit der Kinder Gottes, welche die Güter dieser Welt schätzen, aber nicht von ihnen abhängig sind. Diese Verwurzelung in Gott gibt uns Heimat, verwurzelt und trägt uns. Wir haben einen Standpunkt, von dem aus wir das Leben betrachten; wir können auf Distanz gehen, über die Ironie des Lebens, über uns selbst schmunzeln, und uns vor allem des Lebens erfreuen. Lebensfreude ist ein urbenediktinisches Erbe, das es gilt ins 21. Jahrhundert hineinzutragen.

Die Sorgen draußen lassen

Sie konnten diese Nacht nicht schlafen, haben sich im Bett hin und her gewälzt, sind vielleicht wieder aufgestanden und haben sich dann erneut hingelegt auf der Suche nach Schlaf? Vielleicht haben Sie zu spät oder zu Schweres gegessen. Die Leber fängt erst um drei Uhr wieder an zu arbeiten.

Oder es plagen Sie Sorgen? Als ich vor 36 Jahren zum Abt gewählt wurde, hat mir ein befreundeter Abt geraten, die Sorgen vor der Tür stehen zu lassen, wenn ich zu Bett gehe. Denn sie würden mit Grübeln nicht besser. Ich habe mich ziemlich daran gehalten, und ich muss sagen: es stimmt. Am Morgen schaut es oft anders aus. Auf einmal sehe ich einen Ausweg, wo tags zuvor noch alles in einer Sackgasse gelandet war.

Und noch eines tue ich: Ich schließe meinen Tag mit einer kurzen Besinnung ab, bringe ihn ein vor Gott, vertraue ihm an, was gut und was schlecht gelaufen ist. Ich weiß es dann in besten Händen, und ich bitte ihn um Verzeihung für das, was nicht in Ordnung war. So schlafe ich ausgesöhnt ein. Natürlich setzt das noch etwas voraus: mein Ordensvater, der heilige Benedikt, schreibt in seiner Regel, ich solle die Sonne nicht untergehen lassen, bevor ich mich nicht aussöhne, wenn ich jemanden verletzt habe. Nicht immer gelingt es, umso wichtiger ist es, mit Gott darüber zu reden.

So kann ich auch den neuen Tag wieder mit Zuversicht beginnen, im Vertrauen auf Gott, dass er mich durch diesen Tag wieder begleite. Gott hat ja kein Inte-

resse daran, mich zu knechten; er ist kein Buchhalter, der
all meine Dummheiten aufzeichnet; er will mich frei machen, mir Leben schenken, oder wie Jesus sagt: Ich will,
dass sie das Leben in Fülle haben.

Engel – die schützende Hand Gottes

Kürzlich meldete sich eine Dame nach einem Vortrag: „Sie haben ja nie den Schutzengel erwähnt. Er ist doch für unser Leben sehr wichtig." Ich fand es etwas daneben, denn ich hatte über die Situation unseres Ordens gesprochen, nicht aber über Katechismusfragen. Aber wenn schon: Glauben die Menschen heute eher an Schutzengel als an die eigentlichen christlichen Geheimnisse wie Menschwerdung Gottes oder die Auferstehung Jesu?

Und doch ließ mich die vorwurfsvolle Frage nach der Bedeutung des Schutzengels nicht mehr los. Aber als ich kürzlich ein bisschen Luft schnappen wollte, begegnete ich vor unserer Klosterpforte einem jungen Elternpaar mit einem Kinderwagen. Sie hoben gerade zärtlich ihre kleine Tochter aus den Kissen. Die Kleine strahlte mich an, und im Stillen bat ich, ebenso unvermittelt wie selbstverständlich, sie möge in ihrem Leben stets von einem guten Engel begleitet sein.

Und dann ging ich weiter in die beiden alten Kirchen auf dem Aventin, S. Alessio und S. Sabina. Überall entdeckte ich auf den Bildern Engel, und auf einmal verstand ich: Engel sind die Gegenwart Gottes beim Menschen. Hier wird die schützende Hand Gottes bildhaft sichtbar. Wie immer wir das auch theologisch deuten mögen, Gott ist da und ist immer wieder durch Engel auf uns zugegangen, auf Maria bei der Verkündigung seiner Menschwerdung. Engel sind den Frauen am Grab Jesu erschienen, um ihnen zu sagen: Den ihr sucht, er ist nicht hier. Er ist nicht mehr bei den Toten. Er ist auferstanden, er lebt.

Die Barockzeit hat den ganzen Himmel mit reizenden Putten, mit kleinen Engeln gefüllt. Sie sind ein Zeichen des Lebens, des Reichtums der Gemeinschaft. Und so sind sie auch Zeichen der liebenden Zuwendung Gottes zu uns. Er geht mit uns, beschützt uns, und wenn wir fallen: Er ist da, selbst wenn wir ihn nicht sehen. „Er befiehlt seinen Engeln, dich zu behüten auf all deinen Wegen", singen wir im Psalm 91. Gott ist mit Ihnen. Er sendet Ihnen seinen Engel.

Anti-Stress-Tipps

Mein wichtigster Anker ist das Gebet zu ganz bestimmten Zeiten. Das ist bei uns vorgegeben, und wo immer ich hinkomme, bin ich gleich bei den Mönchen oder Nonnen im Chor und bete mit ihnen mit. Es spielt eben eine sehr große Rolle, dass ich überall Gemeinschaften habe und damit Menschen, die ich kenne; ein Umfeld, das mich trägt.

Ich würde raten, wer eine Familie hat, sollte sich Zeit nehmen für die Familie. Ich glaube, Gespräche mit dem Partner, mit den Kindern, Spielen mit den Kindern – das entspannt und gibt eine innere Bestätigung.

Wer Freunde hat, dem würde ich raten, sich auch für die Freunde Zeit zu nehmen, sich regelmäßig zu treffen. Und damit komme ich zum Zweiten: die Regelmäßigkeit. Auch wenn man unter Stress ist, brauche ich doch gewisse Angelpunkte im Tag, die mich tragen. Sei es am Morgen beim Aufstehen: ein kurzer Vorblick auf den Tag, auch mit einem Gebet, und genauso am Abend: ein kurzer Rückblick. Und ein Gebet kann helfen, sich mit Vielem wieder auszusöhnen.

Arbeit: Belastung oder Freude

Ich mache zwei Beobachtungen: Die eine ist echter Stress. Der Druck auf viele Arbeitnehmer ist heute wesentlich größer als früher. Der entsteht dadurch, dass man immer mehr sparen möchte. Im globalen Wettbewerb soll alles möglichst billig auf den Markt kommen. Da werden viele Menschen schon sehr stark unter Druck gesetzt.

Es gibt aber auch eine Sache, die den Leuten nicht so gut gefällt: Der Narzissmus, die Selbstverliebtheit, hat in unserer Gesellschaft unglaublich zugenommen. Viele kreisen ständig um ihren eigenen Bauchnabel. Wir müssen gegen diese negative Beeinflussung steuern, die da lautet: ‚Das schaffst du nicht, das ist alles zu viel.‘

Man muss unterscheiden: Ich kenne mittelständische Unternehmer, die voll im Job sind, aber solche Freude in ihrer gestalterischen Arbeit haben, dass sie das gar nicht als Belastung empfinden. Das ist bei der Arbeit ganz entscheidend. Fließbandarbeitnehmer haben vielleicht nicht so viel Freude, dafür ist deren Arbeit aber ganz anders geregelt.

Ich kann nur von mir selbst sprechen. Wenn ich zu einem „Feedback"-Konzert fahre, bereitet mir das Freude. Das strengt zwar auch an, ist aber eine andere Form von Stress. Auch wenn ich am nächsten Tag schon wieder bei den italienischen Äbten einen Termin habe: Es macht mir Freude, unter Menschen zu sein. Selbst bei der Korrespondenz per E-Mail bin ich in Gedanken bei diesen Menschen.

Ich brauche eine positive Lebenseinstellung. Wenn ich Dinge tragisch nehme, in mich hineinfresse, geht das an die Nerven und an die Substanz. Wir sind viel stärker psychosomatisch geprägt, als wir denken. Ich mache beispielsweise in der Frühe fünf bis sieben Minuten Sport. Wenn ich danach unter der Dusche war, geht es mir schon viel besser.

Pausen sind vom Arbeitsrecht her eingeplant. Das sollte man auch einhalten. In der Kaffeepause sollte man aber nicht nur schnell einen Kaffee runtergießen, sondern sich mit anderen unterhalten. Die Begegnung mit Menschen ist etwas, was am meisten entspannen kann.

Krankheit und Hoffnung

Nicht jeden Tag stehen wir gleich gut auf, an manchen fesselt uns die Grippe ans Bett, oder wir liegen schon länger in einem Krankenhaus. Keiner hat die Gesundheit in der Hand. Warum trifft es die einen weniger, die andern härter? Eine bittere Frage, auf die auch ich keine Antwort weiß. Manche meinen, Gott würde uns eine Krankheit schicken. Das glaube ich nicht. Krankheit ist Teil unseres Lebens. Die Frage lautet eher: Wie gehen wir damit um, wenn wir krank werden, wenn es uns vielleicht wochenlang aufs Krankenlager wirft, die Aussichten auf eine Genesung in weiter Ferne liegen?

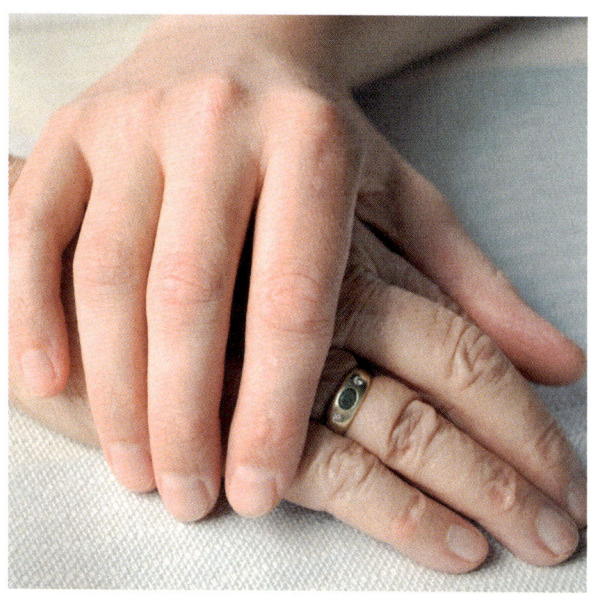

Wenn ich zu einem Kranken komme, stehe ich oft hilflos da. Aber ich möchte ihm einfach nahe sein, damit er sich nicht verlassen fühlt. Ich habe es mir abgewöhnt, dem Kranken gute Ratschläge zu erteilen, oder gar ihn darauf hinzuweisen, er hätte dieses oder jenes bleiben lassen sollen, wenn sich einer beispielsweise das Bein beim Skifahren gebrochen hat. Ich habe weder das Recht, jemanden zurechtzuweisen, noch großartige Ratschläge zu erteilen. Wenn Sie krank darniederliegen, wissen Sie, mit wie viel gut gemeinten Ratschlägen Sie überhäuft werden. Ich brauche dann eher jemanden, der mir zuhört, einfach zuhört, einfach an meiner Seite ist, und wenn ich ihn um einen Gefallen bitte, er oder sie mir ihn erfüllt.

Christen glauben an ein Leben, in dem es weder Tränen noch Trauer gibt. In der Krankheit wissen wir, was eine solche Hoffnung bedeutet. Es ist eine Hoffnung, die uns nicht einfach aufs Jenseits vertröstet, sondern unsere Lebenskräfte jetzt schon neu stärkt. Wer Hoffnung hat, gibt sich nicht auf, sondern fängt wieder an zu leben.

Ich wünsche Ihnen diese Hoffnung auch heute, falls Sie krank im Bett liegen sollten. Jesus hat den Kranken seine besondere Zuneigung geschenkt. Die Kranken fassten neuen Mut. Ich bin übrigens selbst von manchem Krankenbett getröstet von dannen gegangen. Der Mut des Kranken hat auch mir Mut geschenkt, Schwierigkeiten anzunehmen und zu überwinden.

Sollten Sie zurzeit krank sein, wünsche ich Ihnen viel Kraft und eine baldige Genesung – und Menschen, die zu Ihnen kommen und Ihnen zuhören.

Leiden und Auferstehung

Ich habe viel Verständnis für Leute, die sagen: Das Leben ist nicht mehr lebenswert. Aber im Lichte des Leidens Christi bekommt das Sterben oder auch das Leiden einen anderen Stellenwert. Das Leiden und das Sterben gehören nun mal zum Menschen, gerade wenn wir das in einem größeren Horizont sehen.

Es geht bei der Auferstehung nicht einfach um ein ewiges Leben, um ewigen Stillstand oder eine ewige Ruhe, sondern es geht um die Teilnahme an der Herrlichkeit Gottes – auch wenn das jetzt sehr hochtrabend klingen mag. Es geht um Freude, um volle Erfüllung, um Gemeinschaft, und zwar auf Ewigkeit hin; darum, dass der Mensch noch eine Dimension über sich hinauswachsen kann.

Beten Männer und Frauen anders?

Wir haben denselben Glauben, aber wir drücken ihn anders aus. Vielleicht haben Frauen eine größere Nähe zur Mystik, zu einer Glaubenserfahrung mit dem Herzen und mit dem Körper. Im Neuen Testament ist die Rolle der Frau eine andere als jene der Männer. Frauen haben eine viel größere menschliche Nähe zu Jesus, und sie lassen sich auch nach der Kreuzigung nicht beirren. Die Männer sind abgehauen.

Die Natur hat uns unterschiedlich geschaffen. Schauen wir, dass etwas Gutes dabei herauskommt. Frauen stellen Blümchen auf den Tisch, für Männer genügt es, dass es da etwas gibt, wo man den Bierkrug draufstellen kann. Die Unterschiede sind eigentlich sehr schön, sie machen das Leben bunt: Frauen und Männer können sehr nah beisammen und zärtlich zueinander sein. Wir Männer fordern einander sehr, lassen dann aber auch wieder mal fünf gerade sein. „Kameradschaft" wäre ein Schlagwort dafür.

Männer sind im Schnitt aktiver, sie sind lauter. Sie singen, dass die Wände wackeln, und sie treten mehr nach außen auf. Petrus hat dem Malchus ein Ohr mit dem Schwert abgeschlagen. Das wäre einer Frau nie eingefallen. Dafür salbt eine Frau Jesu Füße mit kostbarem Öl. Das Mann-Sein Jesu ist jedenfalls ein Vorbild: Er war kein Macho. Er war einer, der mit den Frauen respektvoll umgegangen ist, er hat die Sünderin aus ihrer Bedrängnis herausgeführt.

Was brauche ich wirklich?

Die Welt wird immer schnelllebiger, es strömen immer mehr Informationen auf uns ein. Mir geht es dagegen um die Entschleunigung. Also darum, nicht nach immer mehr zu streben, sondern alles wieder auf ein menschliches Maß zu bringen. Und sich immer die Frage zu stellen, was brauche ich eigentlich wirklich? Es geht mir dabei immer um die Entfaltung und um die Freiheit des Einzelnen, bei gleichzeitiger Verantwortung für die Gesellschaft und die Natur. Wir brauchen also wieder Moral – und gleichzeitig müssen wir uns fragen, wo wir die Quellen dieser Moral finden können.

Natürlich braucht der Mensch ein Minimum zum Leben. Wie schon der heilige Benedikt sagte: Der Mönch soll nicht darben, wenn nicht die Gemeinschaft als Ganze im Argen ist. Der Abt soll jedem das geben, was er braucht – und zugleich bescheiden sein. Denn Glück heißt nicht: alles zu haben, sondern immer wieder auch loszulassen. Und viel Geld macht eben nicht automatisch glücklich, auch wenn das viele Leute denken.

Grundlage: die Zehn Gebote

Immer wieder wird heute der Ruf nach Orientierung laut. Wir brauchen dazu keine besonderen Programme. Wir finden die Grundlage in den zehn Geboten, die das Verhältnis des Menschen zu Gott und damit auch zu den Mit-Menschen regeln. Der Mensch ist in Gott verankert und findet in ihm die oberste Autorität, eine Autorität, die gleichzeitig liebend und barmherzig ist. Auch das ist ein Vorbild für uns Menschen.

INSPIRATION KLOSTER

Ganz normal und herrlich frei

>> Eine klösterliche
Gemeinschaft ist der
Versuch, den Individua-
lismus aufzubrechen
und wieder zu einem
Miteinander zu finden. <<

Notker Wolf

Benediktiner – völlig ausgeflippt?

Wir Benediktiner sind nicht modern im Sinne von modisch. Wir sind keine Charismatiker, sondern schlichtweg normal. Wir wollen nichts anderes als die Frohe Botschaft Jesu leben, so wie sie Benedikt von Nursia in seiner Regel für das Leben in Gemeinschaft umgesetzt hat. Ob wir denn völlig ausgeflippt seien, hat mich einer gefragt, nach einer so altmodischen Regel zu leben? Wer modern sein will, sucht seinen Lebensweg bei fernöstlichen Weisheitslehren, doch die sind wesentlich älter. Altmodisch wirkt unsere Kleidung, altmodisch unser Lebensstil.

Aber das Schlimmste: Wir Mönche kommen doch im Leben zu kurz. Wir leben am Leben vorbei, schrecklich und langweilig: Es gelten Gehorsam statt Freiheit, Gebundenheit an den Ort statt Ausflüge am Wochenende. Verzicht auf Familie, Verzicht auf Ausleben der Sexualität.

Ja, wir haben vieles nicht. Wir können uns viele der sogenannten Freiheiten nicht leisten. Aber unsere Mitbürger auch nicht. Tun wir doch nicht so, als ob wir in einer Gesellschaft leben würden, in der die Freiheit oberster Wert wäre. Wie viel wird gemobbt, wie viel gekuscht, wie viel betrogen! Viele mucken nicht auf oder sagen nicht, was Sache ist, weil sie Angst haben, ihren Job zu verlieren oder ihre Karriere zu verderben. Dabei müssen es nicht nur berufliche Sachzwänge sein. Auch die Rücksichtnahme auf Frau und Kinder erlaubt einem Mann so manches nicht, was er gerne täte.

In Gemeinschaft

Freiheit kann auch nicht das Ausleben individueller Wünsche meinen. Der Individualismus geht oft auf Kosten anderer. Der Mensch ist nicht auf Singletum, sondern auf Gemeinschaft hin angelegt. Wir alle suchen sie. Erst in ihr können wir uns entfalten. Sie bedeutet empfangen und geben. Das Singletum ist oft eher Schicksal als ein geglückter Lebensentwurf. Eine klösterliche Gemeinschaft ist der völlig unmoderne Versuch, den Individualismus aufzubrechen und wieder zu einem Miteinander zu finden. Nicht in allen klösterlichen Gemeinschaften gelingt es. Doch gehört das geradezu zur Sendung eines Benediktinerklosters. Das macht benediktinische Gemeinschaften attraktiv für junge Menschen. Die eigene Gemeinschaft teilen mit anderen, sie teilnehmen lassen an diesem Wunder echt menschlichen Lebens. Erst der

Mensch, der in der Gemeinschaft seinen Egoismus über-
wunden hat, ist geheilt, erlöst – auch von sich selbst. Ziel
benediktinischer Spiritualität war und ist immer die wah-
re Menschwerdung des Menschen. Sie geschieht unter
der Führung des Evangeliums unter Regel und Abt, eben
in Gemeinschaft.

Das rechte Maß

Brauchen wir für ein erfülltes Leben besondere Gags? Manche meinen, unser Leben müsste etwas ganz Besonderes sein. Für den besonderen Urlaub gibt es die Animateure. Nun, Gags beleben, sind aber nicht das Leben. Das Besondere besteht für Benedikt gerade in der nüchternen Normalität, im rechten Maß. Wir Menschen sind maßlos und uferlos, wollen alles in unendlicher Größe, vor allem das Geld. Guiness-verdächtig zu sein, das scheint Jugendliche zu reizen, das Risiko beim Extremsport gibt den Kick.

Sind es nicht diese Extreme, dann sind es die Ideologien und Massenhysterien, die wir in regelmäßigen Abständen anscheinend geradezu brauchen, damit es uns gut geht: Da wird dann plötzlich die Butter wegen ihrer angeblichen Auswirkung auf den Cholesterinspiegel durch geschmacklose Margarine ersetzt; denn der Herzinfarkt lauert draußen vor der Tür. Körner und Spelzen pieksen sich durch Magen und Gedärme, weil alles andere zu viele Kohlehydrate beinhaltet und die Fettleibigkeit droht. Nicht zu reden von den Diätplänen unserer Frauenzeitschriften, und die Männer folgen ihnen schon auf dem Fuß. Wie wäre es mit FdH und einem ausgewogenen Essen? Der Weltuntergang lässt nicht mehr lange auf sich warten. Die Klimaerwärmung lässt den Wasserpegel ansteigen, Waldsterben, BSE, Tsunamis und Zyklone. Ich möchte nichts verniedlichen. Aber vieles wirkt wie Massenhysterien, und wir Menschen scheinen danach süchtig zu sein. Wehe Sie rühren an der Solarenergie, weil sie bislang noch hoch bezuschusst wird, oder an die Erderwärmung!

Wir Benediktiner sehen auch die Gefahren der Umweltverschmutzung, der Klimaverschlechterung, der Energieverschwendung, lassen uns aber nicht ins Bockshorn jagen. Wir kennen das Leben, die Unzulänglichkeit des Wissens um die ganzen Zusammenhänge in der Natur, wir erwarten vom Leben nicht mehr, als es bieten kann. Es gibt kein ewiges Leben auf dieser Erde. Unsere Heimat liegt im Himmel, heißt es in der Totenliturgie. Wir Benediktiner sind völlig abgefahren in den Augen unserer Zeitgenossen, weil für uns der Tod ein Teil unseres Lebens ausmacht. Und im Angesicht des Todes verrutscht das innerweltliche Wertgefüge unserer Zeitgenossen.

Umwelt und Nachwelt

Wie gesagt, wir Benediktiner leben deshalb keineswegs
verantwortungslos in den Tag hinein. Auch unsere Klös-
ter denken an die Umwelt und die Nachwelt, auch sie
versuchen sich in der Wärmerückgewinnung, erzeugen
Energie durch Hackschnitzel- und Biogasanlagen. Letzte-
re haben wir auch in afrikanischen Klöstern eingerichtet.
Seit zwei Jahren werden in den Handwerksbetrieben der
Abtei Peramiho billige Solarpaneelen hergestellt. In S.
Anselmo sind wir dabei, unsere 416 Fenster zu ersetzen.
Wir werden allein schon dadurch den Energieverbrauch
senken und vor allem warme Zimmer haben. Ein neues
Heizungssystem wird Weiteres dazu beitragen. Sparsam
mit den Ressourcen umzugehen, die Schöpfung für die
nächsten Generationen zu erhalten, ist auch uns Mönchen zunehmend ein Anliegen geworden.

Barmherzigkeit und Versöhnung

Wenn wir Mönche uns nun selber anschauen, als Menschen mit unseren Grenzen und Gebrechlichkeiten. Fehler, Versagen und auch Skandale sind in der letzten Zeit besonders sichtbar geworden. Wir haben keinen Grund, uns über andere zu erheben. Wir sind keine besseren Christen, aber wir sind auch Christen, Christen unter anderen. Wir bedürfen der Barmherzigkeit Gottes und der anderen. Wir selber müssen Zeichen der Barmherzigkeit und Vergebung werden. Eine benediktinische Gemeinschaft ist nicht vollkommen im Sinne von Perfektion, sondern einer echt christlichen Gemeinschaft, d.h. durch die Aussöhnung. Vergebung verniedlicht keineswegs die Sünde, sondern markiert sie als Vergehen, stellt sie Gott anheim und sucht wieder einen Weg des menschlichen Miteinander. Nicht die Gnadenlosigkeit, nein, die Versöhnung macht frei für die Zukunft. Die Anweisung Benedikts, die Sünde zu hassen, die Sünder zu lieben – ist das nicht ausgeflippt in einer Zeit moralischer Korrektheit, die eher die Rache als die Vergebung kennt?

Übungsfeld brüderlicher Liebe

Die klösterliche Gemeinschaft ist so etwas wie ein Übungsfeld brüderlicher Liebe. Deshalb gibt Benedikt in der Tradition der Urkirche von Jerusalem, eines Pachomius und Basilius' des Großen, dem Leben in Gemeinschaft den Vorzug gegenüber dem Eremitentum. Hier lernen wir, die „körperlichen und charakterlichen Schwächen aneinander in großer Liebe zu ertragen". Nicht nur dem Obern gehorchen die Mönche, sondern sie erweisen sich auch gegenseitig Achtung und Gehorsam, und auch die Sorge füreinander. Als ich einmal in Japan eine Zenhalle betrat und die Mönche zur Wand gewendet meditierten, fragte ich mich, ob es ihnen auch etwas bedeutet, wie es dem Mönch neben ihnen menschlich und seelisch ergeht. Auch in unseren Klöstern wird hin und wieder das mangelnde gegenseitige Interesse beklagt. „Keiner interessiert sich für mich und meine Arbeit." Es fragt sich natürlich, ob es sich um einen echten Missstand handelt, oder ob der betreffende Mitbruder einfach nach Streicheleinheiten hungert. Der innere Austausch in einer Gemeinschaft wird jedenfalls eine ständige Herausforderung bleiben.

Zeit für das Leben

Wir Mönche leisten uns übrigens auch einen Luxus – und sollten es noch mehr tun: Wir nehmen uns Zeit, Zeit füreinander, Zeit für ein Gespräch mit anderen Brüdern oder Gästen, Zeit zum Beten, Zeit für eine lange Liturgie, Zeit zum Feiern und Spielen, Zeit für die Freude am Leben, ja Zeit für das Leben. Zeit nehmen, sich Zeit lassen, einander Zeit schenken ist das Gegenteil der modernen Hektik, unter der viele Menschen stöhnen. So wichtig die Arbeit ist, aber kann sie allein den Sinn unseres Lebens ausmachen? Arbeitsprozesse werden gestrafft, Arbeitsplätze abgebaut, die Einzelnen müssen in derselben Arbeitszeit noch mehr bringen. Diese Problematik hat auch unsere Klöster erfasst, und doch sind wir keine Zufluchtsstätten für arbeitsscheue und bequeme Menschen. Uns hilft die feste Struktur des Tages und die Verpflichtung, sie einzuhalten. Der Mensch steht im Mittelpunkt, und zwar der in Gott verankerte Mensch. Wir kommen zwar dabei ebenfalls in manchen Konflikt, wenn die Arbeit drängt, aber Gott muss die erste Stelle gehören. Im gemeinschaftlichen Beten und Singen lösen wir uns von den äußeren Zwängen.

Als ich kürzlich eines Abends so viel um die Ohren hatte und nicht mehr ein noch aus wusste angesichts der Arbeit, die noch auf meinem Schreibtisch drängte, und überlegte, ob ich mich nicht doch von der Vesper dispensieren sollte, erinnerte ich mich des Wortes der Benediktusregel: „Dem Gottesdienst soll nichts vorgezogen werden", stand auf und ging in die Vesper. Als ich im Chor stand und mit den Brüdern die Psalmen sang, fühlte ich mich auf einmal befreit von allem Druck. Ich durfte wieder Mensch sein, eins mit Gott. Die Arbeit lief an diesem Abend dann leichter von der Hand, ich hatte Abstand gefunden, mich selbst. Das ist es, was uns Mönche von Stress und Burn-Out befreit.

Ohne Druck und Ellenbogen

Persönlich nehmen wir uns auch die Zeit für Lectio Divina, die betende Lesung heiliger Texte. Wir stehen auch da nicht unter einem intellektuellen Druck. Wie die alten Mönche in der Wüste Ägyptens kauen wir die Texte wieder, lassen sie im Mund zergehen, bis sie ganz in Fleisch und Blut übergegangen sind und so das Evangelium unser Leben gestaltet.

Wir leisten uns auch den Luxus und die Freiheit, vieles nicht zu tun, was andere meinen tun zu müssen, sonst seien sie nicht top. Ich brauche keine besondere Kleidung, ich stehe nicht ratlos vor dem Kleiderschrank, was ich anziehen soll; ich esse gern, aber nur so viel, wie mir gut tut. Ich brauche nichts Besonderes. Dafür haben wir ja die Festtage. Struktur und rechtes Maß zählen auch da. Einen Vorteil haben wir Mönche: Wir tragen die Verantwortung, unser Bestes zu bringen, sind aber frei von gegenseitigem Wettbewerb, brauchen keine Ellenbogen, um möglicherweise höher zu kommen. Die Gemeinschaft als Ganze muss freilich sehen, wie sie in ihrem Umfeld wirtschaftlich bestehen kann.

Freiheit

Vielleicht ist unsere größte Herausforderung, unsere größte Ausgeflipptheit die Freiheit von vielen Dingen, die andere für notwendig halten, auch die Freiheit von sich selbst, um mit anderen und für andere zu leben. Und dabei auch noch an Gott zu glauben, an einen Gott, der in Jesus von Nazaret sichtbar und greifbar geworden ist, der durch seinen Geist sogar in unserer Mitte wohnt.

Das Leben ist der schwierigsten eines, haben wir Studenten scherzhaft zu sagen gepflegt, und es stimmt. Aber gibt es etwas Schöneres als zu leben? Zu leben mit anderen, zu leben mit einem Gott, der uns liebt und in unserer Mitte wohnt. Das Leben der Mönche ist eine Antwort auf den Ruf Gottes. Das ist keine triste Angelegenheit. Wir erfahren diesen Ruf als Zeichen besonderer Zuwendung und Liebe – und unsere Antwort? Sie besteht in der Hingabe unseres Lebens. Wir beantworten so die Zuwendung Gottes mit unserer Liebe zu ihm. Eigentlich verrückt; aber wer liebt, ist verrückt, und wer nicht ein bisschen verrückt ist, kann nicht lieben.

Die sichtbare christliche Botschaft

In den Orden erfahren wir sichtbar, was die christliche Botschaft besagt. In den mehr aktiven Orden liegt der Akzent auf dem Zeugnis christlicher Nächstenliebe, der Zuwendung zu den Armen und Bildung. In den Mönchsklöstern spielt das Lob Gottes, Liturgie eine besondere Rolle. Sie bezeugen zum einen, dass Gott die erste Stelle in unserem Leben gebührt, als unserem Urgrund und Ziel, und sind gleichzeitig so etwas wie Kirche im Kleinen, mit den vielen Geistesgaben und charakterlichen Begabungen. Sie sind auch so etwas wie ein Übungsfeld christlicher Liebe untereinander, gemäß dem Wort Benedikts: „Die Brüder sollen die körperlichen und charakterlichen Schwächen aneinander in großer Liebe ertragen." Sie zeigen auch, dass unser Herz nach Gott strebt, dass wir aber auch unzulängliche Menschen bleiben, die immer neu sich aussöhnen müssen.

Zentrum der Hoffnung

Unsere Kirche muss sich in unserer modernen Gesellschaft neu justieren. Wir sind nicht mehr das christliche Abendland von einst. Viele haben der Kirche den Rücken gekehrt, manche sind aggressiv gegen die Kirche eingestellt, andere sind gleichgültig geworden, die Kirche bedeutet ihnen nichts, sie können auch so glauben. Gläubige anderer Religionen leben mit uns Tür an Tür, machen sich bemerkbar, behaupten sich. Die religiöse Situation unserer Gesellschaft ist komplex geworden.

Ein friedliches Miteinander setzt Dialog und Begegnungen auf verschiedenen Ebenen voraus. Ich meine, hier kann ein geistliches, benediktinisches Zentrum einen wertvollen, integrierenden Beitrag leisten. Ein benediktinisches Haus soll, wie der hl. Benedikt sagt, besonders den Glaubensgeschwistern offen stehen, aber er würde heute alle Sinn-Suchenden einschließen, alle, die eine spirituelle Orientierung wollen. Benedikt ist offen für alle Gäste guten Willens. Diese un-ideologische Offenheit ist unsere große Chance. Hier kommen Menschen angst- und vorurteilsfrei zu Begegnungen zusammen, hier erleben sie Spiritualität, hier werden sie hingeführt zu einer größeren Dimension des Menschen.

Ein geistliches Zentrum eines Klosters bietet etwas anderes als eine Art Ferien auf dem Bauernhof. Es dient den Ferien vom Ich, von der alltäglichen Betriebsamkeit, der Neuausrichtung unseres Lebens, der Konzentration auf das eigentliche Ziel unseres Lebens. Ein solches geistliches Zentrum ist auch nicht einfach ein „Exerziti-

enhaus". In der Anbindung an eine klösterliche Gemeinschaft, in der Teilnahme am Gebet der Mönche, in Gesprächen mit ihnen, erfahren sie etwas von der gelebten Wirklichkeit und der „Normalität" des Glaubens.

Ein Kloster kann heute eine große integrative Kraft entfalten und zu einem Zentrum der Hoffnung für unsere Gesellschaft werden. Vielleicht erscheinen wir Benediktiner auch darin zwar nicht völlig, aber doch ein bisschen abgefahren, aber ich meine, wir gehören damit zur Vorhut unserer Kirche und Gesellschaft von heute.

Mit anderen teilen

Allerdings schaffen wir Mönche uns keine traute Idylle, kein trautes Heim für uns selbst. Wie alle Christen und christlichen Gemeinschaften wissen wir uns herausgefordert, mit anderen zu teilen, was wir haben. Unser früherer Prior in Togo sagte mir, das sei genau das afrikanische Element, das wir Benediktiner zu berücksichtigen hätten. Ich antwortete ihm, es sei die grundchristliche Dimension, die auch wir Europäer beachten sollten. Beim Teilen denken wir zwar meistens an das Materielle, an den Besitz. Der heilige Benedikt hat sehr wohl auch daran gedacht, wenn er von der Kleiderkammer spricht, in der die abgetragenen Kleider für die Armen aufbewahrt werden sollen, wenn er dem Pförtner die nötigen Anweisungen erteilt. In diesem Sinne tragen unsere reicheren Klöster die in ärmeren Ländern mit. Die Kamaldulensernonnen

von S. Antonio auf dem Aventin geben jeden Mittag bis zu vierzig Essen aus.

Benedikt wünscht sich in seinem Kapitel über die Gastfreundschaft jedoch mehr. Für alles wird vorgesorgt. Die Gäste haben ihre eigene Unterkunft und ihren eigenen Tisch, damit sie den normalen Fortgang des Klosters nicht stören. Der Abt soll sogar mit den Gästen essen und auf besondere Fastenvorschriften verzichten. Benedikt kommt den Gästen sehr entgegen, und doch geht es ihm nicht nur um Verköstigung und Unterkunft, er führt die Gäste zuerst zum Gebet. Er lässt die Gäste teilhaben am geistlichen Reichtum der Gemeinschaft.

Die Regel Benedikts – immer aktuell

Die Regel Benedikts stammt aus dem 6. Jahrhundert und könnte überaltert erscheinen. So manche äußere Formen mögen fragwürdig geworden sein. Doch ermöglicht diese Regel den Gemeinschaften ein dauerhaftes Leben und garantiert die Lebendigkeit solcher Klöster. Sie passt sich in alle Kulturen ein. Ihre Grundsätze sind Kernpunkte christlichen Lebens, der befreienden Botschaft Jesu Christi für die Menschen. Deshalb erweckt das benediktinische Leben in den Klöstern in unseren Breitengraden immer wieder die Neugier von Journalisten, zieht Manager zu Tagen im Kloster an. Jugendliche pilgern zu Jugendvespern und erleben Gemeinschaft mit den Mönchen und untereinander. Das ist die bleibende Herausforderung an unsere Klöster.

AUS MEINEM LEBEN

Benediktiner und Missionar

>> Ich wollte Jesus
nachfolgen und so
leben wie er.
Das mag verrückt
klingen. Aber ich habe
es nicht bereut. Ich bin
froh und glücklich
geworden, und vor
allem frei. «

Notker Wolf

Nicht einfach, aber spannend

Als Abtprimas bin ich der oberste Repräsentant aller Benediktiner und Benediktinerinnen. Ich soll für die Einheit des Ordens und die Zusammenarbeit unter den Klöstern sorgen und bin außerdem zuständig für unsere Hochschule und unser Kolleg in Rom.

Ich habe kein Gehalt, werde aber von meinen Brüdern versorgt, und das machen mir manche Menschen zum Vorwurf. Ich hätte ein bequemes Leben. Da frage ich dann gern boshaft zurück: Warum sind dann Sie nicht auch ins Kloster gegangen? Es war keine Flucht vor dem harten Alltag, weshalb ich den Weg dorthin gesucht habe. Ich war auch einmal ein junger Mensch, und junge Menschen suchen Vorbilder, Idole: Fußballer, Sportler, Bungeespringer, Rockmusiker. Ich wollte Jesus nachfolgen und so leben wie er. Das mag verrückt klingen. Natürlich habe ich es mir lange überlegt, und ich musste weiter reifen auf meinem Weg. Aber ich habe es nicht bereut. Ich bin froh und glücklich geworden, und vor allem frei.

Bequem ist auch mein Leben nicht. Ich muss mich um den Unterhalt unserer Studenten kümmern, die Entwicklung unserer Hochschule, ich muss unser schönes Kloster auf dem Aventin total sanieren. Durch die Dächer regnet es, durch die Fenster pfeift der Wind. Meine Büchertantiemen und meine Vortragshonorare fließen dort in dieses Projekt. Das reicht natürlich bei weitem nicht; ich muss ständig betteln, oft ohne Erfolg; das ist dann nicht immer so rosig. Auch mir können die Sorgen den Schlaf rauben.

Aber ich will nicht klagen. Ich weiß, das Leben ist nun mal nicht bequem; auch reiche Leute sind nicht ohne Sorgen; sie wollen gesellschaftlich anerkannt werden, am meisten hapert es mit den persönlichen Beziehungen. Auf der Suche nach Glück folgt eine Ehe auf die andere. Ein Blick in die Boulevard-Blätter genügt. Es reichen auch die Erzählungen von Freunden und Menschen, die sich in Briefen in ihren Sorgen an mich wenden. Wir müssen uns alle anstrengen. Ein Problem dann aber wieder geschafft zu haben, bereitet Freude. Dasitzen und warten, bis mir etwas in den Schoß fällt, empfände ich sogar als langweilig.

Berufswunsch: Missionar

Ich wollte nie Priester werden. Ich bin früh Ministrant geworden, und das gern, denn ich hatte Freude an der Liturgie. Die frommen Frauen wollten mich deshalb zum Priester machen. Das habe ich abgelehnt. Ich wollte eine Familie haben. Dann las ich über das Leben von Pierre Chanel. Das hat mich gepackt. Ich wollte ein Missionar werden wie er. Mein Pfarrer sagte mir: Du gehörst nach St. Ottilien. Da sind das Benediktinische und das Missionarische verbunden. So kam ich in die Abtei.

Immer zu Gott unterwegs

Der Mönch ist immer zu Gott unterwegs. Natürlich befasse ich mich mehr mit Gott als andere. Aber die Hingabe etwa einer Krankenschwester, selbst wenn sie Gott nicht kennt, oder jemand, der sich in Liebe verzehrt, kann mehr zählen als mein Leben. Gott hat andere Maßstäbe. Ich möchte nie darüber urteilen. Meine Aufgabe ist, das Meine zu tun.

Der Weg führt durch Krisen, auch durch Lebenskrisen. Wie in der Ehe oder im Beruf fragt man sich, ob man auf dem richtigen Weg ist. Mitunter schaut man zu den Fleischtöpfen Ägyptens zurück. Die Geschichte des Volkes Israel beim Zug durch die Wüste ist für mich das Symbol meiner Lebensgeschichte.

Mein Weg zur Musik

Als ich vier Jahre alt war, war ich einmal bei einer Hausfrau und wir haben Schupfnudeln gedreht. Und sie hat dann gesungen: 'Geh' mach dein Fensterl auf, i wart schon so lang drauf. A oanzigst Busserl möcht i nur, vielleicht lass i dir dann dei Ruah'. Das war das erste Lied in meinem Leben. Damit fing meine „Musikkarriere" an. Ich hab dann später Blockflöte gelernt, mit elf Jahren habe ich Geige begonnen. In St. Ottilien sollte ich ins Orchester kommen, und da habe ich gesehen: Es fehlte die Querflöte. Da habe ich eben Querflöte gelernt. Seitdem ist die Querflöte mein Lebensinstrument geworden.

Ich mach' bis heute viel klassische Musik. Ich war auch der Chorleiter für gregorianische Musik in Sant'Anselmo. Und wir haben für den Vatikan das ‚Jubilate Deo' eingesungen. Ich war ein großer Choral-Fan, wir haben Konzerte gemacht. Von daher stammt auch mein Wappenspruch ‚Jubilate Deo'. Eines der schönsten Gesänge der Gregorianik ist das Offertorium ‚Jubilate Deo'. Das ist zu meinem Lebensinhalt geworden: nicht auf mich zu schauen, sondern auf Gott, seine Größe zu preisen, die Freude, von Gott angenommen zu sein.

Ja, und dann die Rockmusik ... das ist ja so das Besondere, hat aber auch seinen Sitz im Leben. 1991 saß ich mit ein paar Schülern und Lehrern zusammen und habe gesagt: Hier ist es so langweilig, in einer Schule sollte immer etwas Neues geschehen, da muss sich was bewegen. Und da warf einer in die Runde: Machen wir einen Zirkus! O.k., ich habe die Idee sofort aufgeschnappt und

gesagt: wir sind zwar schon ein Zirkus im Kloster, jetzt machen wir auch noch einen. Und weil man mit einer Flöte nicht so viel tun kann, haben sie mir noch eine Gitarre in die Hand gedrückt und ein paar Riffs beigebracht, ich habe dann das „It's all over now" in der Version der Rolling Stones gespielt, die ich sowieso immer mochte. Ich bin dann mit der Gruppe zusammen gewachsen – auch menschlich. Habe ihre Lebensschicksale miterlebt und mitgetragen bis zum heutigen Tag.

Zeit haben

Zeit ist für mich unmittelbar eine Dimension des Menschen, meiner selbst, aber vor allem auch meiner Mitmenschen. Zeit bedeutet, Zeit haben für andere. Wenn andere da sind, alles stehen zu lassen, und mag es noch so drängen. Zeit zu haben für die anderen, das habe ich gelernt durch mein Chorgebet.

Zeit für Gott

Ich stehe um 5:50 Uhr auf, mache meinen leichten Frühsport. Um 6:20 Uhr ist Morgenhore, das Morgenlob plus Eucharistiefeier. Danach Chaos von früh bis spät. Um 12:50 Uhr folgt die Mittagshore, um 13 Uhr das Mittagessen. Wir sind ja hier in erster Linie ein Studienhaus. Die Vesper, das Abendgebet, ist um 19:15 Uhr, gegen 20 Uhr das Abendessen und um 20:30 Uhr die Komplet, das Nachtgebet. Und dann beginnt für mich „die dritte Hälfte des Tages", also weitere Arbeit bis gegen Mitternacht.

Mit dem laufenden Wechsel von Arbeits- und Gebetszeiten komme ich zu meinen eigentlichen Wurzeln, zum Sinn meines Lebens, zurück in die Geborgenheit mit Gott. Da fällt alles andere von mir ab. Auch wenn ich in einem Kloster irgendwo auf der Welt bin, fühle ich mich gleich fast wie zu Hause. Das ist ein großer Unterschied zum Leben von Business-Menschen.

Ich habe einen festen Anker für mein Leben. Wenn ich zum Beispiel in die Vesper gehen soll, kann es sein, dass ich mitten in der Arbeit bin. Dann mache ich wirklich, wie es in der Regel des heiligen Benedikt steht: „Lasse alles stehen und liegen", und sage mir: ‚So, jetzt muss mal Schluss sein. Jetzt ist zuerst der Herrgott dran'. Und ich habe gemerkt, dass diese Zeit für Gott meine Zeit geworden ist.

Ein guter Start in den Tag

Am Abend war es mal wieder sehr spät geworden. Zu viel an E-Mails und anderer Korrespondenz lag noch auf meinem Tisch. Und doch musste ich am Morgen wieder um 10 vor 6 Uhr aufstehen.

Ich habe mich auf die Bettkante gesetzt und überlegt, ob ich mir meine Morgengymnastik wirklich antun solle. Ich ging zuerst mal zum Rasieren. Das Gesicht, das mir aus dem Spiegel entgegenblickte, war nicht gerade ermutigend. Dann aber überwand ich mich und machte meine kurze Morgengymnastik, und da ging es mir schon etwas besser. Erst recht nach der Dusche mit der dreimaligen Wechseldusche am Schluss: heiß-kalt, heiß-kalt, heiß-kalt. Ich konnte mich im Spiegel wieder anschauen und mich sogar zu einem Lächeln über mich selbst durchringen.

Auf meinem Weg zum ersten Gebet begegnete ich im Aufzug zwei jungen indischen Studenten. Wir lächelten einander zu, nickten schweigend, genossen die Stille und sammelten uns für das Gebet. Ich merkte, wie ich immer mehr zu mir kam, und danach der Gesang im Chor meiner Brüder! Ich vergesse dabei mich selbst und blicke auf Gott, der mich geschaffen hat und mich den ganzen Tag umhegt. Die Psalmen sind für mich Verankerung und Aufmunterung. Nun habe ich wieder Mut, den Tag anzugehen und die Dinge auf mich zukommen zu lassen.

Nach der Messe gehe ich durch unseren Kreuzgang zum Frühstück. Die Sonne ist schon hervorgekommen, die Amseln hüpfen und singen, und ich pfeife ihre Melodie nach. Eine Amsel kommt mir immer näher. Sie singt, ich pfeife. Ein Zwiegespräch. Nur blickt sie auf einmal recht erstaunt. Ich bin eben doch nicht der richtige Partner. Aber mein Herz ist fröhlich gestimmt, der Arbeitstag kann beginnen, und ich werde gut gelaunt auf Menschen zugehen.

Geistliche Quellen

Meine geistlichen Quellen bleiben das Chorgebet und die Eucharistie, die ich jeweils in der Landessprache mit feiere. Die Psalmen bekommen eine besondere Note, wenn ich im Flugzeug das Brevier für mich allein bete und über die Wolken und Berge blicke. Daneben ist es aber die Lesung der Heiligen Schrift, vor allem der Evangelien. Ihre Worte im Mund zergehen zu lassen, zeigt auf Dauer seine Wirkung und schenkt Hoffnung und Zuversicht inmitten des stressigen Alltags.

EIGENVERANTWORTUNG – MITVERANTWORTUNG

Die eigene Kreativität erfahren

――――――――――

» Auch wenn es mich
Anstrengung kostet, es
ist schöner, selber
etwas zu schaffen, als
immer nur getragen zu
werden. «

Notker Wolf

Ein Käfig der Bequemlichkeit

Es gibt eine fatale sozialistische Grundströmung im deutschen Denken, die lautet: Politik ist nur dann gut und menschlich, wenn sie die Gebote sozialer Gerechtigkeit und sozialer Gleichheit über jede praktische Vernunft stellt. Das ist Unsinn. Allen gleiche Startchancen zu geben ist richtig – aber wir müssen Schluss machen mit dieser unsäglichen Gleichheitsideologie. Menschen sind nun einmal verschieden. Wenn ich dem einen heute 100 Euro gebe, hat er morgen 200 Euro daraus gemacht, der andere hat das Geld komplett in der Kneipe gelassen. Der unaufhaltsame Ausbau des Sozialstaats ist das beste Beispiel dafür, wie man sich aus Gerechtigkeitsfanatismus sein eigenes Gefängnis bauen kann.

Wir hocken in einem Käfig der Bequemlichkeit. Das Streben nach Arbeit und Leistung wird darin oft verhindert. Wir sind verwundbar, wenn es uns zu gut geht, dagegen durchaus fähig, unter härteren Bedingungen das Beste aus uns rauszuholen.

Suche nach dem Lebensglück

Wir unterliegen der Sehnsucht, dass der Staat alle Probleme für uns löst. Sie wurde schon in der Kaiserzeit erzeugt. Hier begann das Beamtentum, die Bürger zu bevormunden, woraus die Anspruchshaltung entsprang. Wir halten Gerechtigkeit und Gleichheit nicht mehr auseinander. Das Land befindet sich unter der Vormundschaft tugendbeflissener Politiker, die der Chimäre der sozialen Gerechtigkeit nachjagen. Diese Politiker verkaufen uns den Staat als Beglückungsanstalt, weil wir sie überfordern. Wir zwingen sie dazu, das Unmögliche zu versuchen.

Ich will drei Vorschläge machen. Erstens: Entlassen wir den Staat endlich aus der Verantwortung für unser Lebensglück. Die gehört in unsere eigenen Hände. Es reicht, wenn der Staat da einspringt, wo wirklich Not ist. Es gibt kein Menschenrecht auf ein bequemes Leben und vier Wochen Urlaub. Zweitens: Machen wir Schluss mit den zentralistischen Bestrebungen, allen per Gesetz zum Glück zu verhelfen. Die Pleite mit den Hartz-Gesetzen spricht Bände. Und drittens: Regierende müssen die moralische Kompetenz zeigen, die Grundzüge der humanen Gesellschaft zu wahren, die durch neue Technik und wirtschaftliches Kalkül bedroht ist. Hier geht es um Ewigkeitswerte.

Schuld sind die anderen?

Ich saß einmal im Flieger und sah einige Reihen vor mir jemanden, der ein Boulevardblatt las, eine Sportseite. Die Überschrift interessierte mich: „Schuld ist der Arzt, der mir zu viel Morphium gegeben hat!" Also, schuld sind wieder die anderen! Wir haben ja auch in der Finanzmarktkrise die Schuldigen herausgefunden, und es sind wieder einmal die anderen. Das Praktische bei dem Ganzen ist ja, dass die Regierung sehr rasch eingestiegen ist, also kann die Regierung ja doch alles richten.

Es kommt damit ein Menschen- und Weltbild zum Durchbruch, das meines Erachtens sehr gefährlich ist. Wir entlasten uns von jeder Schuld, wir tragen nie Verantwortung. Verantwortung tragen immer die anderen, und wenn es uns schlecht geht, gehen wir auch zu den anderen und rufen sie. Ich finde, dass dieses Verhalten im Widerspruch steht zu dem, was wir Deutschen sonst so sehr fordern.

Hilfe zur Selbsthilfe

Ich hatte früher viel mit Entwicklungshilfe zu tun – mit Afrika, da war die Devise selbstverständlich, es ist Hilfe zur Selbsthilfe. Was tun die Afrikaner selbst?! Ich habe diese Frage auch bei unseren Hartz-IV-Empfängern gestellt und in meinem Internetblog eine Riesenflut von Anmerkungen bekommen, wo ich sehr schwer angegriffen wurde. „Wir haben das Recht, bezahlt zu werden" – „Wofür" – „Ja, damit man leben kann!" Ich weiß nicht, ob das die eigentliche Antwort ist.

Hilfe muss – und das ist in Afrika und anderen Ländern immer bejaht worden – Hilfe muss Hilfe zur Selbsthilfe sein. Ich wurde immer wieder gefragt, was ist die Eigenleistung? Ohne die Eigenleistung habe ich keine Hilfeleistung bekommen. Mir wurde dann in Deutschland gesagt: „Ja, das stimmt schon, aber die Leute können sich doch gar nicht selber helfen!"

Können Sie sich vorstellen, dass in Berlin 51 Prozent der Einwohner Hartz IV-Empfänger sind? Wovon soll die Stadt eigentlich leben? Wir haben ja gerade in Berlin die größte deutsche Spaßgesellschaft. Wovon lebt die Stadt? Wo kommen die Gelder her? Wovon lebt überhaupt eine ganze solche Stadt? Lebt sie von der Regierung, die dort angesiedelt ist, oder lebt sie von den Geldern der anderen Bundesländer? Dann würde ich doch sehr wohl sagen, müssen wir ein Auge darauf werfen, wofür die Gelder verwendet werden.

Grundlohn ohne Gegenleistung?

Dass ich etwas bekomme ohne Gegenleistung, das ist für mich eine Mentalität, die uns und unsere Gesellschaft in größte Schwierigkeiten bringt. Damit haben wir keine Zukunft.

Natürlich wird es so sein, dass es viele geben wird, die ihr Leben nicht selbst in die Hand nehmen können. Dazu möchte ich Ihnen einen Ratschlag des heiligen Benedikt aus seinen Regeln nennen. Er sagt: „Am Sonntag sollen die Mönche Freiraum für die geistliche Lesung haben. Wenn einer aber nicht lesen kann oder lesen will, dann soll ihm der Abt eine Arbeit in die Hand drücken, damit er nicht müßig geht." Müßiggang ist der Feind der Seele! Und wenn einer – das fügt Benedikt dann hinzu – schwach oder kränklich ist, dann soll er ihm eine leichte Arbeit geben. Auch Kranke sollen eine leichte Arbeit tun. Er weiß warum.

Und wenn ich jetzt einmal in die Erfahrungspsychologie einsteige: Wenn jemand auch als Kranker noch merkt, er kann was tun, dann bleibt sein Selbstwertgefühl erhalten, dann wird er auch wieder schneller gesund: „Ich bin wer, ich bin noch was wert!"

Ich denke, das ist eine Herausforderung, die wir uns selber und allen anderen geben müssen. Ich denke da an unseren alten Pförtner in St. Ottilien. An die Klosterpforten kommen ja sehr viele Leute, die nichts zu essen haben, aber der alte Bruder hat es fertiggebracht, jeden, der kam und um ein Essen bettelte, für Stunden Laub rechen zu lassen oder sonst für eine kleine Arbeit anzustellen.

Und er hatte völlig Recht! Weshalb hat der andere den Anspruch auf ein kostenloses Essen? „Wenn ich einen Mönch nicht fordere, dann verkommt und verlottert er."

Erziehung zur Selbstständigkeit

Je mehr Sie die Leute fordern, desto mehr fördern Sie sie. Das gilt auch für die gesamte Erziehung. Das gilt für die Kindererziehung, das gilt in der Schule. Diese Selbstwert-erfahrung ist meines Erachtens etwas ungeheuer Wichtiges. Dazu muss ein Mensch schon in seiner Kindheit gebracht werden. „Das Kind führen" heißt ja Pädagogie. Angst, etwas selber in die Hand nehmen zu müssen ... Wenn es uns gelingt, die Leute soweit zu bringen, dass sie ihre Verantwortung in die Hand nehmen, dann erleben sie ihren Eigenwert, und das ist das Großartige daran. Dann lernt jemand seine eigene Kreativität kennen. Sich selber kennenzulernen, das geschieht erst durch dieses ganz persönliche Erleben. Das ist eben die Aufgabe der Erziehung. der Pädagogik, dass die Eltern und später die Lehrer die Kinder von der Bevormundung zur Eigenständigkeit hinüberführen und erziehen.

Das ist nicht immer ganz einfach. Vor allen Dingen nicht auf dem religiösen Sektor. Was meinen Sie, wie oft ich zu hören bekomme, dass die Kinder nicht kirchlich geheiratet haben, oder nicht mehr in die Kirche gehen ... „Was haben wir denn falsch gemacht?" Dann sage ich: „Vermutlich gar nichts, und wenn doch, dann haben Sie eher zu viel gemacht." Die Kunst, Menschen weiter zu führen, verlangt auch von den Lehrern, dass sie die jungen Menschen zur Eigenverantwortung erziehen, statt sie zu bevormunden – eine Herausforderung, die ein guter Lehrer annehmen muss.

Souverän bleiben!

Souveränität bedeutet die Distanz zu sich selbst und zu den Dingen. Ein souveräner Mensch weiß zwischen wichtigen und weniger wichtigen Dingen zu unterscheiden und immer das rechte Maß zu finden. Bei der Führung darf es nicht um die eigene Person gehen, sondern sie ist ein Dienst an den andern und dem Unternehmen. Das gilt auch für die Autorität, sonst wird die Führungsperson autoritär. Doch braucht es Autorität als Führung, die die Arbeiten und Aufgaben auf ein Ziel hin orientiert. Erziehung respektiert die Tatsache, dass ein junger Mensch gebildet und geformt werden muss. Er muss Werte wahrnehmen und verwirklichen lernen, darüber hinaus die Selbstkontrolle seines Verhaltens lernen. Er muss erfahren, dass Freiheit auch Verantwortung bedeutet. Eltern und Lehrpersonen müssen ihre Autorität wahrnehmen, damit diese Ziele erreicht werden. Sie brauchen aber auch die nötige Souveränität, um über Nebensächliches hinwegzusehen und den Kindern den Freiraum zu lassen, aus ihren Fehlern zu lernen.

Werte vermitteln

Moral ist Erziehungssache. Das Problem ist, dass Moral in unserem Erziehungssystem kaum noch zählt. In Zeiten der PISA-Studie geht es bloß noch darum, möglichst viel Wissen anzuhäufen. Die Charakterbildung, die eigentlich auch in die Schule gehört, wird völlig vergessen. Früher wurde noch das Benehmen beurteilt, das würde sich heute kein Lehrer mehr trauen. Dabei geht es nicht allein darum, Stoff zu lernen. Die jungen Menschen

müssen auch und vor allem das Denken lernen. Ich kann ihnen Werte niemals aufzwingen, ich kann Werte nicht übers Knie brechen. Aber ich kann sie plausibel machen. Das hat früher die humanistische Bildung versucht, die ja leider inzwischen so in Verruf geraten ist.

Vor allem brauchen junge Menschen Vorbilder: Eltern und Lehrer. Sonst suchen sich die Jugendlichen Idole, das können dann alle möglichen schrägen Typen sein.

Die eigenen Möglichkeiten erfahren

Im Moment schaut alles auf PISA – wunderbar! Das Ziel unserer Bemühungen in der Erziehung der jungen Menschen sollte eben nicht die Ausbildung, sondern die Bildung sein. Dieses selbstständige Denken, entscheiden können, nicht einer Mode nachlaufen zu müssen, sondern kreativ zu sein, Ideen zu haben und sich entfalten zu können. Wie bereits Sokrates sagte: „Das ist die Hebammenkunst." Man muss den Menschen ans Licht heben – das wäre natürlich die Kunst. Die Leute zur Eigenverantwortung bringen. Eigenverantwortung ist ein Wert!
Die Leute fragen und meinen immer: „So etwas kann man unterrichten?" Werte kann man natürlich reflektieren, aber dadurch werden sie noch nicht übernommen. Die Werte müssen erst einmal als solche erfahren werden.

Und ich muss einen Menschen dazu bringen, dass er sagt: „Auch wenn es mich Anstrengung kostet, es ist schöner, selber etwas zu bringen, selber etwas zu schaffen, als immer nur getragen zu werden. Es ist schöner, selber am Steuer zu sitzen, als immer nur gefahren zu werden." Eigenverantwortung, die eben dann auch zur Eigenerfahrung führt. Was passiert dann? Dann erfahren wir diese unendliche Vielfalt der Menschen. Es ist etwas Wunderbares, diese vielen Begabungen zu erfahren, wenn der Einzelne sich dann erfährt.

Denken Sie nur an eine Universität. Wie arm wäre eine Universität, wenn sie nur eine Fakultät hätte und alle Professoren „eingleisig" gemacht worden wären! Das ha-

ben wir im Kommunismus so, und manchmal besteht auch bei uns in der katholischen Kirche die Gefahr, dass alle dasselbe denken müssen.

Das ist bei uns Benediktinern nicht so – und wenn, dann schickt man uns in die Wüste, und wir sind glücklich dabei, denn wir haben gelernt, uns selber durchzubringen. Auch hier wieder ein Beispiel für die Eigenverantwortung und diese beglückende Eigenständigkeit, die andere Leute dann stört ...

Wir brauchen Querdenker

Natürlich gibt es stärkere Charaktere und schwächere. Die Stärkeren tragen eine Mitverantwortung für die Schwächeren. Doch zunächst möchte ich etwas zu der Vielfalt dieser Charaktere erwähnen. Ich weiß, wie unangenehm es in Sitzungen ist, wenn gegenteilige Meinungen aufkommen. Der Vorsitzende gerät dann völlig durcheinander, und die deutschen Vorstandsvorsitzenden kaufen sich deshalb auch die Gewerkschaftsvertreter, denn dann kann man gemeinsame Sache machen. Das hat zur Folge, dass in keinem Vorstand mehr die Wahrheit gesagt wird! Das sagen mir sogar die Vorstandsleute selber. Das kann man auch im kleinen Bereich sehen. Sie bekommen doch eins drüber, wenn Sie mal quer denken. Wenn Sie ein guter Vorsitzender sind, der daran interessiert ist, dass sein Unternehmen floriert, und sei es nur Ihre Schulklasse, dann holen Sie sich Querdenker herein. Sie brauchen nämlich diejenigen, die Ihnen sagen, was nicht passt, sonst geht das ganze Unternehmen unter. Wir haben genügend Unternehmen, die deshalb in Grund und Boden gegangen sind. Wir regen uns dann über die sogenannten „Heuschrecken" auf, aber die konnten ja genau deshalb die Firmen aufkaufen, weil diese am Ende waren. Die haben sie aufgekauft, in einzelne Stücke geschlagen, saniert und dann gewinnbringend weiterverkauft.

Warum konnten sie das? Weil die Firmen selber nicht mehr in der Lage waren, sich weiter zu entwickeln. Weil alle nur an die eigene Tasche und die eigene Position gedacht haben. Natürlich liegt den „Heuschrecken" mehr am raschen Gewinn als am Wohl eines Unternehmens. Aber sie haben auch so manches Unternehmen saniert.

Mir hat einmal jemand aus einem Vorstand gesagt: „Ich sag doch nichts; ich wäre doch doof, denn dann flieg ich raus. Ich hab doch keine Karrierechance mehr!" – Ich brauche diese Vielfalt, diesen Reichtum. Wenn ich den beispielsweise in einer Stadtverwaltung habe. Ein Gemeinwesen ist etwas unglaublich schönes und bereicherndes ... nicht immer gerade bequem, aber das macht es doch gerade aus.

Sehen, was man geleistet hat

In den 60er Jahren sind viele Patres aus den Klöstern weggegangen und haben geheiratet wie so viele Welt-priester auch. Erstaunlicherweise sind unsere Laienbrü-der viel „stabiler" geblieben. Die sehen am Abend aber auch, was sie getan haben. Die hatten auch nicht die

Freiheit, sich den Tag ohne weiteres frei zu gestalten. Ein Schreiner hat am Abend gesehen, was er den Tag über geleistet hat. Die hatten ein Erfolgserlebnis.

Ein Seelsorger hingegen, der den ganzen Tag über nur Probleme hört – und das gilt besonders auch für Äbte – ist am Ende des Tages frustriert. Und für die Bischöfe gilt das in ähnlicher Weise. Sie bekommen ja nur Negatives gesagt, dann kommt man zu ihnen. Wenn es gut läuft, dann kommt doch keiner vorbei. Auch hier gilt wieder: Ich brauch in meinem Beruf ein Stück Erfolgserlebnis, um das alles besser durchstehen zu können.

Mitverantwortung und Hilfe

Verantwortung und Mitverantwortung – wieder zurück zum Beispiel der Entwicklungshilfe. Der Nobelpreisträger aus Bangladesch, Mohammad Yunus, hat gesagt, die Leute müssen selber was tun. Er hat ihnen Mikrokredite gegeben. Er hat seine Pappenheimer gekannt, bei ihm gab es kein Antidiskriminierungs- oder Gleichbehandlungsgesetz, sondern er hat das Geld nur den Frauen gegeben. Er hat gesagt, den Männern kann man das nicht anvertrauen, weil die alles versaufen und verspielen.

Erstaunlicherweise passiert sehr viel auf diesem Sektor und es gelingt auch. Während wir uns immer noch mit den afrikanischen Potentaten zusammensetzen und meinen, wenn wir da ständig viel Geld hineinpumpen, dann kommen wir zu etwas. Wenn man dann nach einem G8-Gipfel stolz sechs Milliarden Entwicklungshilfeerhöhung für Afrika verkündet – dieses Geld ist in die Luft geschossen! Das Geld dient zum Teil unserer Waffenindustrie, denn fünfzig bis sechzig Prozent unserer Entwicklungsgelder gehen in Beschaffung von Waffen hinein. Keine Regierung der Welt traut sich, das massiv anzuprangern – weil wir die Steuern davon bekommen!

„Ich kann was!"

Wenn wir jetzt an die junge Menschen denken. Wie bringen wir die hoch? Viele sind durchaus begabt, haben aber keine Chance, ihre Begabung zu erfahren oder zu erleben. Wir müssen Wege finden – ich hab da auch kein Patentrezept –, dass sie sich selbst erfahren und merken: „Ich kann was!"

Das muss die Zielerfahrung sein, dass ein junger Mensch sagen kann: „Ich kann was". Dann bekommt er den Mut, mehr zu tun.

Ich würde beispielsweise jungen Menschen Musikinstrumente in die Hand geben. Und ruhig ein nicht „so schönes", ruhig eine E-Gitarre. Dafür können Sie die Jugend begeistern. Nicht so sehr für die Blockflöte, die können Sie auf die Seite legen. Wenn dann andere sagen: „Du, hol deine Gitarre raus, du machst das toll" – was meinen Sie, wie das einen jungen Menschen begeistert und bewegt.

Oder lassen Sie junge Menschen andere Dinge machen, handwerklicher Art, dass er merkt, er kann was. Dann bekommt er von anderen Anerkennung. Dann wird er eigenverantwortlich handeln. Ich muss Menschen zur Eigenverantwortung bringen, d. h. zunächst einmal zum Handeln. Dann wird er auch die Mitverantwortung mittragen, denn Mitverantwortung bedeutet, dass, wenn ich irgendetwas tun kann, bringe ich das in unsere Gesellschaft mit ein.

Das ist Mitverantwortung, dass ich weiß, wie Aristoteles gesagt hat: „Der Mensch ist ein soziales Wesen."

Wir sind füreinander veranlagt und aufeinander angewie-
sen. Das gelingt aber nur, oder umso besser, je mehr ich
mich selbst erfahren habe und einbringen kann.

Als Familie zusammenhalten

Wir sind nicht zum Single-Dasein geboren. München – zwei Drittel der Einwohner leben in Single-Haushalten. Ich möchte darüber nicht richten, aber ich sage: Für unsere Gesellschaft taugt das nicht. Abgesehen davon, dass wir keine Kinder mehr haben, die diese Gesellschaft weiter tragen – aber die bringen nicht das Entsprechende ein, höchstens die Steuer, aber ich weiß nicht, ob sie gesellschaftlich, menschlich die Dinge einbringen, wie das früher in einer Großfamilie der Fall war.

Mitverantwortung: In einer Großfamilie haben wir beispielsweise keine Pflegeversicherungsprobleme. Die Alten werden gepflegt. Wir haben keine KITA-Probleme, denn die Omas sorgen sich um die Kleinen. Sie reden auch die ganze Zeit mit ihnen. Omas haben ja auch meistens die Begabung, nicht aufzuhören mit dem Re-

den. Sie sind die idealen Ansprechpartner für die 2- bis 4-jährigen Kinder, die ja viel reden und die Welt erfahren wollen.

Also, was tun wir eigentlich in unserer Gesellschaft? Ich will nicht nörgeln. Wir brauchen KITAs, wir brauchen die Pflegeversicherung. Wir brauchen viele Versorgungen! Aber wir sind die reinste Prothesengesellschaft. Wir leben mit lauter Prothesen, weil wir das normal Gewachsene nicht mehr anerkennen wollen.

Sich nicht bedienen lassen

Mir wird immer vorgeworfen, Eigenverantwortung sei Egoismus. Ist es Egoismus, wenn ich zu stolz dazu bin, einem anderen auf den Wecker zu gehen? Wenn es irgendwie möglich ist, bringe ich mich selber durch.

Ich denke da gerne an die Kranken in meinem Kloster zurück. Wir haben die Krankenabteilung umgebaut. Ich bin nach München zur Krankenhausmesse gefahren und habe mich nach Betten umgesehen und mich dann

für die modernen mit sehr viel Elektronik entschieden. Damit können die Kranken noch sehr viel selber tun, ohne anderen Menschen zur Last zu fallen. Das vermittelt auch das Gefühl: „Ich kann's noch selber!" Das ist meines Erachtens sehr wichtig.

Aber es gibt auch Leute, die gewöhnen sich daran, anderen zur Last zu fallen. Die sagen sich: „Soll mich doch die Gesellschaft tragen! Die Gesellschaft ist ja schuld, dass ich kein Geld habe ..." Immer sind es natürlich die anderen.

Das Bild des Kranken kann uns da einiges verdeutlichen. Es ist furchtbar unangenehm, ins Krankenbett zu müssen. Mit der Zeit gewöhnt man sich aber daran, und wieder herauszusteigen, ist gar nicht so einfach. Man möchte wieder gesund werden, aber wenn man sich einmal daran gewöhnt hat, ist es auch ganz angenehm, bedient zu werden. Bei der heutigen Diskussion um die Pflege und das Arztwesen sieht das aber vielleicht auch schon wieder etwas anders aus.

Zum Mitschöpfer geschaffen

Gott hat uns geschaffen, hat uns in die Welt gestellt – und zwar nicht als kleine Kinder, die er ständig säugen müsste. Er hat zu Adam gesagt: „So, jetzt benenn mal die ganzen Viecher ... und alles ist dir untertan – nicht zum Ausbeuten; du hast deine eigene Verantwortung daran, und dann kannst du auch ganz gut auskommen damit. Und wenn du es allein nicht schaffst, ich geb dir noch jemanden dazu ... Das ist etwas, was vielen Pfarrern natürlich fehlt, jemand, der sie in den Senkel stellt. Ich sag auch zu manchen Mitbrüdern: „Was, du hast Probleme mit dem Gehorsam? Weißt du was? Dann verheirate ich dich mal für zwei Jahre. Dann hast du Gehorsam gelernt!"

Letzten Endes macht das die Würde des Menschen aus, die ihm von Gott gegeben wurde: Dass er sich nicht nur durchbringen kann, sondern sein Leben gestalten kann. Das ist die eigentliche Würde der Person. Wenn wir noch einen Schritt weiter gehen: Gott hat den Menschen zum Mitschöpfer gestaltet und geschaffen.

Das ist die Großmut und die Großzügigkeit Gottes, dass er den anderen mit einspannt und sagt: „Komm, wir machen es miteinander! Übernimm deine Verantwortung."

Diese hat uns Gott gegeben. Deshalb sind wir auch vom Religiösen her verpflichtet, eigenverantwortlich und mitverantwortlich zu handeln, unsere Gesellschaft mitzugestalten, unser ganzes Leben zu gestalten. Deshalb dürfen wir Erfindungen machen und uns des Lebens freuen, und deshalb dürfen wir auch Musik machen.

VISIONEN FÜR DIE KIRCHE
Die Dinge wieder zurechtrücken

》 Frohe Botschaft
heißt nicht
bequeme Botschaft. 《

Notker Wolf

Apropos Sonntagspflicht

Der Sonntag ist ja die zentrale Feier unseres Glaubens. Und ich halte es für eine große Tragik, dass die Feier des Sonntags zu einem Gebot gemacht wurde. Die Sonntagspflicht ist für mich ein Abstieg, eine Entwürdigung des Sonntags – zu sagen, du musst jeden Sonntag in die Kirche gehen. Das muss doch aus dem Herzen kommen, wie bei den ersten Christen. Das ist ja keine Spinnerei, sondern in der Messe geschieht das, was für unser Leben und unseren Tod entscheidend ist.

Das ist wie bei Tempolimits oder dem Rauchverbot in Wirtschaften – wir brauchen Regeln, aber wenn ich mich nur aus Angst vor Strafen daran halte, ist damit ja noch lange keine innere Überzeugung verbunden.

Gegen das Machtstreben

Macht und Kirche passen überhaupt nicht zusammen. Autorität muss es geben. Man muss Kompetenzen haben, man muss wissen, wer für was zuständig ist. Weil ich aber weiß, dass wir alle von unserer Natur her dem Machtstreben anheimfallen, muss ich ständig dagegen arbeiten. Ich bin insofern ein Anti-Machtmensch. Ich sage immer, als Abtprimas habe ich ja keine Macht. Ich habe keine Vollmacht, außer über Sant'Anselmo. Deshalb braucht ein Abtprimas nach seiner Wahl auch nicht vom Heiligen Vater bestätigt zu werden, denn er hat ja keine Macht in der Kirche. Das Machtstreben ist in uns so wuchtig und gleichzeitig ganz versteckt, auch in Kirchenmännern. Ich glaube, wir alle müssen davon loskommen. Der Heilige Vater spricht des Öfteren gegen das Karrierestreben innerhalb der Kirche. Wir müssen durch Dienst glänzen. In der Welt ist es so – sagt Jesus. Bei euch soll es nicht so sein.

Unbequeme Botschaften

Wir haben uns inkulturiert in die deutsche Gesellschaft. Und die ist eine Wohlstandsgesellschaft. Wir wollen einen Versorgungsstaat, und das wollen wir von der Kirche auch. Frohe Botschaft heißt aber nicht bequeme Botschaft. Die Kirche ist mitunter in ihren Forderungen sehr unbequem. Das darf sie sein.

Wir haben die Frohe Botschaft. Aber dann haben wir einen Katechismus daraus gemacht – und neuerdings die Mainstream-Themen. Damit locke ich niemanden hinter dem Ofen hervor. Wir sollten die Frohe Botschaft etwa von der Vergebung herausstellen in unserer oft so harten Gesellschaft.

Der Katechismus ist für mich eher so etwas wie eine Glaubensvergewisserung. Aber er ist noch nicht die Frohe Botschaft. Was hat denn Paulus gemacht? Er war in einer Situation wie wir. Er selbst hat Jesus nicht gekannt.

Er hatte nur dieses besondere Bekehrungserlebnis. Und da war er so begeistert und hat den Leuten von diesem Jesus erzählt. Unsere Aufgabe wäre, es genauso zu machen. Ich mache das etwa in Kolumnen in der Zeitschrift „Bild der Frau". Mit den Augen Gottes auf das Leben zu blicken. Die Dinge wieder zurechtrücken im Lichte Gottes. Ohne Moralin.

Es gibt nicht auf alles eine Antwort

Wer ist Gott, was macht er, wie geht das mit der Willensfreiheit und der Allmacht Gottes? Da komme ich zu einem Punkt, wo ich manche Dinge eben nicht mehr verstehe. Lassen wir dann doch mal ein Geheimnis stehen. Wir müssen wieder lernen, dass es nicht auf alles eine Antwort gibt.

Ich glaube ja nicht, weil ich alles weiß, sondern weil ich vertraue. Ich verlasse mich auf die Zeugen der Auferstehung. Auf einem Gemälde von Caravaggio reißt Thomas die Seitenwunde auf und guckt rein. Er möchte noch tiefer schauen und kommt trotzdem nicht auf den Grund. Wenn ich meine, es gibt nur das, was ich sehen kann, falle ich sowieso auf die Nase. Denn die Liebe eines Menschen kann ich auch nicht sehen.

Der Geist ist stärker

Pioniere wie der heilige Benedikt oder der heilige Franziskus haben nie daran gedacht, in der Kirche etwas Großes zu bewegen. Die haben an Ort und Stelle etwas getan. Das gibt es auch heute. Ich denke etwa an die Flüchtlingshilfe der Jesuiten. An der Basis läuft sehr viel. Unser Problem ist der Glaube an die Machbarkeit. Wir können nicht alles selbst machen. Lassen wir den Geist doch auch mal was tun. Viele Strukturen zerbrechen, aber der Geist wirkt stärker, als wir meinen.

Quellenverzeichnis

Textnachweis:

Aus: Notker Wolf, Festrede anlässlich der Eröffnung des Geistlichen Zentrum Kafarnaum der Benediktinerabtei Admont: „Völlig abgefahren? Auf der Suche nach einem Profil benediktinischer Spiritualität im 21. Jahrhundert": S.8, 24-36, 38-42

Notker Wolf, Morgenandachten für Radio Bremen, 6.-11. Mai 2013: S.9-12, 17f., 44f., 52f.

Aus: Notker Wolf, „Eigenverantwortung und Mitverantwortung – zwei Grundsätze, Gesellschaft zu gestalten", in: Eckhart Knab, Norbert Scheiwe, Emil Hartmann, Michael Siebert (Hrsg.), Bildung, Ethos, Verantwortung – Ein neuer Dialog. Dokumentation zur 1. Herbstakademie in der Europastadt Breisach am Rhein am 21./22. Nov.2008, Landau 2009, S.27-40: S.58-63, 67-80

Aus Interviews stammen folgende Texte:

Interview mit Der Predigtpreis, Verlag für die Deutsche Wirtschaft, Bonn: S.46f.

Aus einem Interview von Thomas Winkel, Katholische Nachrichten-Agentur (KNA), © KNA: S.82.

„Im Käfig der Bequemlichkeit", Stern 26/2006; das Interview führten Norbert Höfler und Rolf Herbert Peters: S.56f.

Interview mit Radio Vatikan vom 19. Juni 2010; das Interview führte Aldo Parmeggiani: S.48-50, 83.

Interview mit DerWesten vom 06. April.2012; das Interview führte Angelika Wölk: S.13, 19.

„Beten Männer und Frauen anders?", Interview mit ypsilon – Katholische Männerbewegung; das Interview führte Dr. Markus Himmelbauer: S.20.

Interview in: Missionsblätter. Das Magazin der Missionsbenediktiner St. Ottilien, 97. Jahrgang, Heft 4, 2002, S.6, EOS-Verlag: S.37, 54.

Interview mit „Faktor Mensch" vom 03.Juni 2008; das Interview führte Anne Chevalier: S.22, 64.

„Wir brauchen wieder Moral", Interview mit dem Weser-Kurier / Bremer Nachrichten vom 30. April 2013; das Interview führte Gesa Wicke: S.21, 65f.

Interview mit Zukunft jetzt. Zeitschrift der Deutschen Rentenversicherung, Ausgabe 2 / 2013, S.16-19: S.15f., 51.

Interview mit: Kirchenbote. Wochenzeitung für das Bistum Osnabrück vom 21. Juni 2011, Verlagsgruppe Bistumspresse; das Interview führten Ulrich Waschki und Roland Juchem: S.84-86.